Der heilige Heribert von Deutz

Erzbischof von Köln und Kanzler von Otto III.

»Ein Freund der Armen«

Kunstverlag
Josef Fink

Vorwort

von Diakon Hans Gerd Grevelding
Pfarrei St. Heribert in Köln-Deutz

Liebe Mädchen, liebe Jungen!

Dieses Buch handelt vom heiligen Heribert, der vor 1.000 Jahren in Köln gelebt hat. Ihr kommt ja regelmäßig zur Schulmesse und zur Vorbereitung auf Eure erste heilige Kommunion in die Kirche St. Heribert, so dass Ihr schon den großen Heribertschrein kennt. Alle anderen Kinder, die Ihr noch nicht in der Kirche St. Heribert wart, lade ich hierzu mit Euren Eltern ganz herzlich ein.

Heribert wurde im Jahr 970 geboren und lebte bis zum Jahr 1021. Er war Dompropst in Worms und später Kanzler (Mitarbeiter) von Kaiser Otto III., der bereits mit drei Jahren zum Mitkönig in Aachen gekrönt worden war. Als er mit 21 Jahren starb, war Heribert sehr traurig. Er ließ Otto III. im Aachener Dom beisetzen, wo man noch heute seine Grabplatte besichtigen kann. Dann baute Heribert, der im Jahr 999 Erzbischof von Köln geworden war, für ihn eine prächtige Kirche in Köln-Deutz. Hier hatten die Römer vor 2.000 Jahren ein Kastell errichtet, das durch eine Brücke mit der Stadt Köln verbunden war. Auf den Fundamenten dieses Kastells entstanden eine Marienkirche und ein Kloster, in dem 40 Mönche jeden Tag für Kaiser Otto III. die heilige Messe hielten.

Noch heute kommen täglich viele Menschen in unsere Kirche, um bei Heribert zu beten. Warum ist Heribert für sie so wichtig?

Heribert mochte die Kölner sehr. In den Hungersnöten der Jahre 1006 und 1009 verteilte er sein Geld an die Priester und gab ihnen den Auftrag, damit den hungernden Menschen zu helfen, die von nah und fern in die Stadt gekommen waren. Als es monatelang nicht regnete und die Felder vertrockneten, machte er in Köln eine Wallfahrt zu den Kölner Heiligen, um sie in den Kirchen, in denen sie verehrt wurden, anzuflehen, Gott zu bitten, es endlich wieder regnen zu lassen. Kaum hatte er das Gebet beendet, zogen sich die Wolken zusammen und es regnete in Strömen.

Um das Leben des heiligen Heribert besser kennenzulernen, haben Schüler und Schülerinnen aus Deutz und Poll dieses Buch für Kinder gemalt. Hier findest Du sein Leben in wunderschönen Bildern und kleinen Geschichten. Heribert war ein Freund von Jesus, der Armen und der Kölner. Er möchte auch Dein Freund werden. Das wünsche ich Dir!

Heriberts Geburt in Worms

Vor 1.000 Jahren wurde Heribert auf einer Burg in Worms geboren. Sein Vater Hugo war ein Graf und mit der Gräfin Tiedwidis verheiratet. Er erhielt den Namen seines Großvaters Heribert. Der Name Heribert bedeutet: „der im Kampf Glänzende".

Heribert hatte Geschwister, mit denen er aufwuchs. Wenn er am Fenster der Burg stand, schaute er auf den Rhein und sah, wie die Schiffe von Pferden flussauf gezogen wurden.

Abends wurden in der Burg Kerzen oder Öllampen angezündet. Das Essen nahmen die Kinder in einer Kammer mit ihren Kinderfrauen ein. Nur bei großen Festen, wenn ein Herzog zu Besuch kam, durften sie in den großen Rittersaal. Dort standen viele Ritterrüstungen, an den Wänden hingen Schwerter und Schilder, die zur Verteidigung der Burg benötigt wurden.

Heriberts Kindheit

Aus den Erzählungen seiner Eltern wusste Heribert, dass seine Familie von Kaiser Karl dem Großen und von den Grafen von Paris abstammte.

Sie erzählten ihm auch, dass bei seiner Geburt ein Engel seinem Vater und einem jüdischen Gast im Haus seiner Eltern ihm eine große Zukunft vorausgesagt hatte. Das kümmerte ihn jedoch nicht. Viel lieber spielte er mit seinen Geschwistern Verstecken in der Burg, oder sie suchten die Burggeister, fanden jedoch keine.

Als er sechs Jahre alt war, rief ihn sein Vater Hugo in sein Arbeitszimmer. Er sagte zu Heribert: „Nun bist du sechs Jahre alt. Morgen machen wir eine Reise mit dem Schiff zum Kloster Gorze. Zuerst fahren wir auf dem Rhein bis Koblenz, und dann geht es die Mosel hinauf bis zum Kloster. Dort besuchst du die Klosterschule, die von Mönchen geleitet wird. Pass gut auf und werde ein guter Schüler!"

Heribert in der Klosterschule in Gorze

Heribert segelte mit seinem Vater und einigen Dienern den Rhein hinunter, danach wurde das Schiff von Pferden die Mosel hoch gezogen. In Gorze wurden sie schon von den schwarz gekleideten Benediktinermönchen erwartet. Ein junger Mönch brachte Heribert in einen großen Saal unter dem Dach des Klosters. Dort standen alle Betten der Mitschüler. Er zeigte ihm ein kleines Fach für seine Sachen, und dann ging es in das Klassenzimmer, wo ihn viele Jungen in seinem Alter neugierig musterten. Auch sie waren Söhne von Grafen, Rittern oder Adligen, die hier ihre Ausbildung machten. Nun wurde nur noch Latein gesprochen, Griechisch und Hebräisch gelernt, und wenn es nicht klappte, gab es eins mit der Rute auf den Hosenboden.

Heribert, der Musterschüler

Heribert fiel das Lernen leicht. Gern ging er in die große Bibliothek der Mönche, um Geschichten aus der Bibel zu lesen. Schon bald gab er seinen Klassenkameraden Nachhilfe in den Fremdsprachen. Untereinander sprachen sie jedoch heimlich ripuarisch oder moselfränkisch, was mit der kölschen Sprache verwandt ist. Wenn ein Mönch hinzukam, wechselten sie schnell ins Lateinische, um nicht aufzufallen. Morgens mussten sie sehr früh aufstehen. Dann wuschen sie sich mit kaltem Wasser am Brunnen und besuchten die heilige Messe; erst danach gab es Frühstück. Schon bald gab Heribert in den unteren Klassen Unterricht, und die Mönche wünschten sich, dass Heribert für immer bei ihnen bliebe.

Heribert wieder in Worms

Jedes Mal, wenn Bischof Hildebold von Worms in Gorze zu Besuch war, ließ er sich von den schulischen Leistungen der Schüler berichten. Immer hieß es, dass Heribert der beste Schüler und schon ein guter Lehrer sei und bestimmt ein guter Mönch würde. Darauf entschloss sich der Bischof, Heribert mit seinen nunmehr 17 Jahren nach Worms zu holen, wo er ihn an seiner Bischofskirche zum Diakon weihte und ihn zum Dompropst von Worms ernannte. Heribert war glücklich, wieder bei seinen Eltern und Geschwistern zu sein, vor allem bei seinem jüngeren Bruder Heinrich.

Der Wormser Dom war für ihn riesig groß. Auf dem Altar stand ein Kelch, und viele Kerzen schmückten den Altar. Bischof Hildebold lud Heribert ein, ihn an den Königshof zu den Kaiserinnen Adelheid und Theophanu zu begleiten.

Heribert am Königshof

In Magdeburg wurde er der jungen und doch schon verwitweten Kaiserin Theophanu vorgestellt. Theophanu ist ein griechischer Name und heißt übersetzt „Gotteserscheinung". Als sie hörte, dass er schon die jungen Schüler unterrichtet hatte, war sie sehr zufrieden. Sie ließ ihren Sohn König Otto III. rufen. Dann sagte sie zu Heribert: „Ab heute wirst du auch meinen Sohn Otto unterrichten."

Otto war zehn Jahre jünger als Heribert. Otto war froh, nun einen jungen Lehrer zu haben. Alle anderen Lehrer waren erfahrene Fechtmeister wie der alte Hoiko. Es gab auch alte Erzbischöfe wie Willigis und einige Herzöge, die keinen Spaß verstanden. Heribert und Otto wurden auf Anhieb dicke Freunde.

Der Tod der Kaiserin Theophanu

Kaiserin Theophanu starb unerwartet in Nimwegen im heutigen Holland. Sie wurde in Köln in der Kirche St. Pantaleon beigesetzt. Heribert begleitete Otto III. zu ihrer Beisetzung nach Köln und hatte etwas Zeit, diese prächtige Stadt mit ihren vielen Kirchen zu besichtigen.

Otto flüsterte Heribert bei der Beerdigung zu, dass seine strenge Großmutter Adelheid für drei Jahre die Herrschaft übernehmen werde. Hierüber war er gar nicht glücklich, da Adelheid seine Mutter Theophanu überhaupt nicht gemocht hatte. Heribert flüsterte zurück: „In drei Jahren bist du volljährig, und dann kannst du allein regieren."

König Otto III.

Endlich war es so weit. Im Palast wurde die Volljährigkeit von Otto III. gefeiert. Alle wichtigen Personen des Königreiches waren anwesend, um Otto III. zu gratulieren. Als Erste kniete seine Großmutter Kaiserin Adelheid vor ihm nieder und küsste seine Hand. So drückte man früher seinen Respekt aus. Er half ihr wieder auf ihre Beine. Dann sagte er lächelnd zu ihr: „Ich danke Eurer Majestät für die große Arbeit, die Sie für Deutschland und Italien geleistet haben. Begeben Sie sich ab morgen auf Ihren Alterssitz ins Kloster Seltz im Elsass. Dort können Sie sich erholen und für mich beten." Kaiserin Adelheid verschlug es die Sprache. Noch in derselben Nacht ließ sie von ihren Hofdamen packen, und am folgenden Tag reiste sie wütend mit ihrem Gefolge ab. Ottos Reich dehnte sich von der Nordsee bis ans Mittelmeer aus. Um ein so großes Reich zu regieren, brauchte er einen guten Helfer. Darum ernannte er Heribert zum Kanzler (königlichen Helfer) von Deutschland und Italien. Damit wurde Heribert nach dem König der zweitmächtigste Mann im Staate. Er bereitete für Otto Briefe vor, war sein Berater und begleitete ihn auf allen Reisen.

21

Heribert wird Erzbischof von Köln

Heribert begleitete Otto auch nach Italien. Dort besuchten sie den Papst, der Otto zum Kaiser krönte. Mit 17 Jahren war Otto Herrscher über Mitteleuropa. Alle hatten seinen Befehlen zu gehorchen. Plötzlich erhielt der Kaiser in Italien die Information aus Köln, dass der Erzbischof von Köln gestorben war. Mit Heribert überlegte er, wer der neue Erzbischof von Köln werden solle. Dann legte er die Hände auf Heriberts Schulter und sagte: „Du bist mein bester Freund! Du sprichst Ripuarisch und verstehst Kölsch! Dich mache ich zum neuen Erzbischof von Köln!"

Heribert dachte an die Beerdigung der Kaiserin Theophanu und seinen damaligen Besuch in Köln. Er war begeistert und sofort bereit, nach Köln zu reiten.

Heribert zieht über die Alpen nach Köln

Heribert wurde von Kölner Truppen in Italien abgeholt, die ihn über die Alpen nach Köln begleiteten. Sie beschützten ihn vor Straßenräubern. Ende Dezember kamen sie in Köln an. Es hatte gefroren, und überall lag Schnee. Trotzdem zog Heribert seine Schuhe aus und betrat barfuß – der Kölner würde sagen „op bläcke Fööss" – die Stadt Köln. Hiermit wollte er ausdrücken, dass er als Diener aller Kölner und nicht als neuer Herr nach Köln gekommen war. Er wurde von den Kölnern und dem Kölner Adel sowie vielen Bischöfen empfangen. Sie prüften ihn auf Herz und Nieren, ob er das Zeug zu einem guten Bischof habe. Dann weihten sie ihn zum Bischof von Köln und schenkten ihm den Bischofsring, die Mitra und ein goldenes Brustkreuz. Der Papst sandte ihm eine weiße Bischofsstola, die man Pallium nennt. Nun war Heribert der neue Erzbischof von Köln.

Heribert erscheint die Muttergottes im Traum

Eines Nachts erschien Heribert die Muttergottes im Traum. Heribert erschrak. Was hatte er vielleicht falsch gemacht? War sie gekommen, um ihn zu ermahnen? Nein, sie zeigte ihm die Kirche, die er für sie in Köln-Deutz bauen sollte, damit die Kölner dort beten könnten und sie und Jesus, den sie geboren hatte, verehrt würden. Heribert zögerte nicht lange und baute in Deutz den „Düxer Dom", der die größte Kirche in Nordeuropa wurde.

Heribert und der Baum

Heribert machte eines Tages mit seinem Gefolge einen Ausritt in die Eifel. Er wollte sich von seiner Arbeit für die Menschen ein wenig ausruhen. Es hatte lange nicht geregnet, die Bäume verloren ihr Laub, und die Flüsse trockneten aus. Da sah er einen Baum, der wie ein Kreuz aussah. Sofort befahl er seinen Dienern, diesen Baum zu fällen und das Kreuz in seiner Marienkirche aufzuhängen. Schon wenige Wochen später schmückte dieses große Kreuz seine Kirche. 40 Mönche und alle Kölner freuten sich darüber sehr.

Erzbischof Bruno

Heribert und das Regenwunder

Die Trockenheit in Köln wurde unerträglich. Die Menschen litten große Not. Sie hatten nichts mehr zu essen und nur noch wenig zu trinken. Sogar aus Frankreich, Belgien und Holland kamen Menschen nach Köln, um hier zu betteln. Köln war damals eine der größten Städte in Europa. Darauf befahl Heribert seinen Priestern, sein Geld an die Hungernden zu verteilen. Er selbst machte vom Kölner Dom eine Prozession nach St. Severin und St. Pantaleon, um Gott durch die Heiligen Kölns um Regen anzuflehen. Nachdem er lange in St. Pantaleon gebetet hatte, erschienen plötzlich Wolken am Himmel, und wenig später regnete es in Strömen.

Jedes Jahr feiern wir Heriberts Namenstag. Bei Sonnenschein betreten wir die Kirche St. Heribert, den Düxer Dom. Wenn es nach der heiligen Messe regnet, wissen wir, dass er immer noch auf uns Kölner aufpasst.

Heribert und die bösen Geister

Nach dem frühen Tod von Kaiser Otto III. wurde dessen Vetter Heinrich König. Er setzte Heribert nach seiner Krönung zum deutschen König als Kanzler ab. Er konnte ihn einfach nicht leiden. Daher brauchte Heribert nicht mehr zu reisen, blieb als Erzbischof immer in Köln und war für seine Kölner da. Er besuchte die Pfarreien, sprach mit den Gläubigen, ließ Kirchen bauen und half den Menschen, wenn sie hungerten. Er half ihnen auch, wenn sie von bösen Geistern geärgert wurden. Dann betete er für diese Menschen und segnete sie mit Weihwasser. Das mochten die bösen Geister überhaupt nicht, und sie verließen den Körper dieser Menschen, indem sie Heribert beschimpften.

Der Tod Heriberts

Beim Besuch einer Pfarrei in Neuss, der im Januar 1021 bei eisiger Kälte stattfand, erkältete sich Heribert so schwer, dass er sich mit dem Schiff nach Köln fahren ließ. Hier bat er seine Mitarbeiter, ihn vor das Gero-Kreuz im Kölner Dom legen zu lassen, wo er beten und sich auf seinen Tod vorbereiten wollte.

Er erinnerte sich an seinen Vater Hugo und an seine Mutter Tiedwidis, die er im Alter in die Nähe von Köln hatte holen lassen. An seinen Bruder Heinrich, der Bischof von Würzburg geworden war. An den jüdischen Gast seines Vaters. An die jüdische Gemeinde in Köln, der er den Bau einer großen Synagoge für ihr Gebet erlaubt hatte. An die heilige Adelheid von Vilich, die ihm in der Hungersnot in Bonn geholfen hatte. An Kaiserin Theophanu und an den jungen Kaiser Otto III., der in seinen Armen gestorben war.

Er dankte Gott, dass er seine Macht stets für Gerechtigkeit und Frieden eingesetzt hatte. Er war ein treuer Diener Gottes, des Kaisers und vor allem der Kölner, und sie behalten ihn bis heute treu in ihren Herzen.

Glossar

Altar – Steintisch in der Kirche

Bibliothek – Bücherei

Dompropst – Verwalter eines Domes

Düxer Dom (kölsch) – Deutzer Dom

Gero-Kreuz – ein großes Kreuz, das im Kölner Dom hängt

Graf – Niederer Adel

Herzog – Hochadel

Kanzler – Leiter der kaiserlichen Verwaltung

Kloster – Heim, in dem Mönche leben

Mitra – Kopfbedeckung eines Bischofs

Mönch – Mitglied einer religiösen Männergemeinschaft

Pallium – Stola eines Erzbischofs

Stola – Stoffstück, das wie ein offener Schal vom Priester getragen wird

Synagoge – Gebetshaus der Juden

Verwitwet – eine Person, deren Gatte/Gattin verstorben ist

Volljährig – früher wurde man mit 14 Jahren erwachsen

Weihwasser – gesegnetes Wasser